PE. FLÁVIO SOBREIRO

EXERCÍCIOS ESPIRITUAIS COM SÃO MIGUEL ARCANJO

EDITORA SANTUÁRIO

Orientações para todos os dias dos Exercícios Espirituais com São Miguel Arcanjo

1. PREPARAÇÃO EXTERIOR

Busque realizar os **Exercícios Espirituais com São Miguel Arcanjo** em um horário que permita a você rezar tranquilamente, sem ser interrompido(a). Algumas pessoas gostam de rezar logo pela manhã, enquanto todos de sua casa ainda estão dormindo. Outros preferem um horário mais tranquilo ao longo do dia. Outros ainda rezam à noite, quando o silêncio é mais presente e facilita a concentração e oração. Você tem total liberdade para escolher o horário que melhor se adaptar a sua rotina diária.

Desligue seu celular. Não permita que nada interrompa seu momento de oração. Esse momento de fé deve ser vivenciado com intensidade para que você obtenha os frutos espirituais divinos.

2. PREPARAÇÃO DO AMBIENTE

Em um lugar apropriado (pode ser em seu quarto, na sala, ou em algum outro espaço de sua casa), prepare um altar a São Miguel Arcanjo com uma imagem ou estampa dele. Adquira uma vela que deverá ser acesa todos os dias. Se desejar, deixe uma música suave de fundo, desde que ela não atrapalhe seu momento de oração e não lhe cause dispersão.

3. PREPARAÇÃO INTERIOR

Acalme-se interiormente. Respire e inspire algumas vezes, buscando silenciar-se. Peça a presença de São Miguel Arcanjo. Agradeça a ele estar a seu lado neste momento de oração. Reze uma oração pedindo também a presença do Espírito Santo. Em seguida, trace sobre si mesmo o sinal da cruz, com fé, calma e confiança.

SUGIRO A SEGUINTE ORAÇÃO AO ESPÍRITO SANTO:

Vinde, Espírito Santo, enchei os corações dos vossos fiéis e acendei neles o fogo do vosso Amor. Enviai o Vosso Espírito, e tudo será criado e renovareis a face da terra. *Oremos:* Ó Deus, que instruístes os corações dos vossos fiéis com a luz do Espírito Santo, fazei que apreciemos retamente todas as coisas, segundo o mesmo Espírito, e gozemos da sua consolação. Por Cristo, Senhor Nosso. Amém!

1º Dia

São Miguel Arcanjo, livrai-me do mal

"Nós sabemos que todo aquele que nasceu de Deus não peca; Jesus, que foi gerado por Deus, guarda-o, por isso o Maligno não o pode atingir."

(1Jo 5,18)

Neste primeiro dia dos **Exercícios Espirituais com São Miguel Arcanjo**, reze para que você seja liberto de todas as forças do mal. Retome as orientações propostas no início deste livro.

CATEQUESE SOBRE OS ANJOS

Muito se fala sobre os anjos. Quando realizamos uma busca na internet, corremos o risco de nos confundirmos com informações duvidosas e outras totalmente contrárias às que a Igreja Católica Apostólica Romana ensina sobre esse assunto. Tendo em vista um maior esclarecimento sobre a existência dos anjos, elencamos a seguir o que a Igreja pensa sobre eles e sua existência.

A existência dos anjos é uma verdade de fé que foi confirmada por vários Concílios, pela Sagrada Escritura e pela Tradição da Igreja. No Catecismo da Igreja Católica, encontramos esta afirmação: "A existência dos seres espirituais, não corporais, a que a Sagrada Escritura habitualmente chama anjos, é uma verdade de fé. O testemunho da Escritura é tão claro como a unanimidade da Tradição" (Catecismo da Igreja Católica, 328).

Santo Agostinho assim se expressa: "Angelus [...] officii nomen est, non naturae. Quaeris nomen naturae, spiritus est; quaeris officium, angelus est: ex eo quod est, spiritus est: ex eo quod agit, angelus – Anjo é nome de ofício, não de natureza. Desejas saber o nome da natureza? Espírito. Desejas saber o do ofício? Anjo. Pelo que é, é espírito: pelo que faz, é anjo (anjo = mensageiro)'. Com todo o seu ser, os anjos são servos e mensageiros de Deus. Pelo fato de contemplarem 'continuamente o rosto de meu Pai,que está nos céus' (Mt 18,10), eles são 'os poderosos executores de suas ordens, sempre atentos a sua palavra' (Sl 103,20)" (Catecismo da Igreja Católica, 329).

PREPARAÇÃO ESPIRITUAL

Por alguns instantes, procure lembrar as situações em que mais necessita da proteção de São Miguel Arcanjo. Talvez esteja enfrentando dificuldade em seu trabalho e com pessoas que convivem com você no mesmo ambiente profissional. Ou ainda pode ser que as dificuldades estejam presentes em seu ambiente familiar. Procure olhar sua vida pessoal e peça a proteção de São Miguel sobre você.

Enfim, todos os dias as forças do mal tentam nos desviar do caminho de Deus. Confie e conte com a proteção de São Miguel Arcanjo contra as ciladas do demônio em sua vida. Dedique um tempo a fazer esse exame de consciência. Após concluir essa etapa, continue a leitura abaixo.

Terminado o exame de consciência, leia com calma a **Palavra de Deus**, buscando meditar as palavras divinas. Em seguida, reze com fé a **Ladainha de São Miguel Arcanjo**. Ore com confiança, acreditando verdadeiramente que São Miguel Arcanjo está a seu lado para o defender de todas as ciladas do mal e proteger todas as áreas de sua vida.

PALAVRA DE DEUS: MT 7,7-11

"Peçam, e lhes será dado! Procurem, e encontrarão! Batam, e abrirão a porta para vocês! Pois todo aquele que pede recebe; quem procura acha e a quem bate a porta será aberta. Quem de vocês dá ao filho uma pedra, quando ele pede um pão? Ou lhe dá uma cobra, quando ele pede um peixe? Se vocês, que são maus, sabem dar coisas boas a seus filhos, quanto mais o Pai de vocês, que está no céu, dará coisas boas aos que lhe pedirem."

LADAINHA DE SÃO MIGUEL ARCANJO

Senhor, tende piedade de nós.
Jesus Cristo, tende piedade de nós.
Senhor, tende piedade de nós.

Jesus Cristo, ouvi-nos.
Jesus Cristo, atendei-nos.

Pai Misericordioso, que sois Deus, tende piedade de nós.
Filho Salvador, que sois Deus, tende piedade de nós.
Espírito Santo Paráclito, que sois Deus,
tende piedade de nós.

Trindade Santa, Fonte da Vida, que sois um único Deus,
tende piedade de nós.

Santa Maria, Rainha dos Anjos, rogai por nós.

São Miguel, rogai por nós.
Príncipe da Milícia Celeste, rogai por nós.
Guerreiro do Amor, rogai por nós.
Amigo dos homens, rogai por nós.
Príncipe dos exércitos do Senhor, rogai por nós.
Guardião do Paraíso, rogai por nós.
Companheiro de jornada, rogai por nós.
Luz que afugenta todas as trevas, São Miguel,
rogai por nós.
Protetor das almas indefesas, rogai por nós.
Consolador das almas que estão no Purgatório,
rogai por nós.

Cordeiro de Deus, que tirais o pecado do mundo,
perdoai-nos, Senhor.
Cordeiro de Deus, que tirais o pecado do mundo,
atendei-nos, Senhor.
Cordeiro de Deus, que tirais o pecado do mundo,
tende piedade de nós.

São Miguel Arcanjo, Príncipe da Luz e Protetor Divino dos
que invocam vosso auxílio,
rogai por nós e não nos desampareis.

Levanta-se Deus, pela intercessão da Virgem Maria, de São Miguel Arcanjo e de toda a Milícia Celeste; sejam dispersos seus inimigos; e fujam de sua face todos os que o odeiam. Em nome do Pai, do Filho e do Espírito Santo. Amém!

Após rezar a **Ladainha de São Miguel Arcanjo,** reze com fé e confiança a **Oração a São Miguel Arcanjo**. Essa é uma oração que lhe ajudará a crescer na prática devocional a esse Santo Arcanjo. Aproprie-se de cada palavra e das bênçãos que ela pode conceder-lhe. Reze cada palavra, acreditando que São Miguel Arcanjo está junto de você para o defender e proteger sua vida.

ORAÇÃO A SÃO MIGUEL ARCANJO

Glorioso São Miguel Arcanjo,
poderoso vencedor das batalhas espirituais,
vinde em auxílio das minhas necessidades
espirituais e temporais.
Afugentai de minha presença todo mal,
todo ataque e todas ciladas do inimigo.
Com vossa poderosa espada de luz,
derrotai todas as forças malignas
e iluminai meus caminhos
com a luz de vossa proteção.
Arcanjo Miguel,
do mal libertai-me;

do inimigo livrai-me;
das tempestades socorrei-me;
dos perigos protegei-me;
das perseguições salvai-me!
Glorioso São Miguel Arcanjo,
pelo poder celeste a vós conferido,
sede para mim o guerreiro valente
e conduzi-me nos caminhos da paz.
Amém!

Conclua este primeiro dia dos Exercícios Espirituais agradecendo a Deus a oportunidade de estar em sua presença e as graças que lhes serão concedidas, pela intercessão de São Miguel Arcanjo. Agradeça também a intercessão de São Miguel e peça sempre a presença desse divino Arcanjo em todos os momentos de sua vida. Para finalizar, trace com fé, calma e confiança o sinal da cruz sobre você.

COMPROMISSO DO DIA

Quando sentir que a maldade está tentando dominar seus pensamentos, diga com fé: **"São Miguel Arcanjo, do mal me livrai, sob vossa proteção me guardai!"**

2º Dia

São Miguel Arcanjo, defendei-me no combate

"Não se deixe vencer pelo mal,
mas vença o mal com o bem."
(Rm 12,21)

Neste segundo dia dos **Exercícios Espirituais com São Miguel Arcanjo**, reze pedindo que ele defenda você em todos os combates desta vida. Com essa ajuda divina, vencerá as forças do mal. Retome as orientações propostas no início deste livro.

CATEQUESE SOBRE OS ANJOS

O primeiro Concílio Ecumênico que confirmou a existência desses seres espirituais (anjos) foi o de Niceia, em 325. Essa verdade foi reafirmada no Concílio de Constantinopla I, em 381, e também no Concílio regional de Toledo, em 400, na Espanha.

O Magistério da Igreja confirmou a realidade dos anjos, sobretudo no Concílio de Latrão IV (1215), em Roma, ao se declarar contra o dualismo dos hereges cátaros: "Deus é o Criador de todas as coisas, visíveis e invisíveis, espirituais e corporais; por sua onipotência no início do tempo criou igualmente do nada as criaturas espirituais e corporais, isto é, o mundo dos anjos e o mundo terrestre; em seguida criou o homem, que de certo modo compreende umas e outras, pois consta de espírito e corpo. O diabo e os outros demônios foram por Deus criados bons, mas, por livre iniciativa, tornaram-se maus. O homem pecou por sugestão do diabo" (DS 800).

A existência dos anjos foi reafirmada no II Concílio de Lião, sob o pontificado de Gregório X, em 1274, nos seguintes termos: "Cremos em um Deus Onipotente (...), criador de todas as criaturas, de quem, em quem e por quem existem todas as coisas no céu e na terra, visíveis, corporais e espirituais" (DS 461).

PREPARAÇÃO ESPIRITUAL

Dedique um tempo a analisar quais os combates que você tem enfrentado diariamente e que necessitam da intervenção de São Miguel Arcanjo. São tantos os combates que enfrentamos diariamente! Combates no campo espiritual, sexual, afetivo, familiar, profissional, social...

Quando nos deixamos dominar pelas forças do mal, entramos em uma guerra violenta e saímos feridos. Por isso a intervenção de São Miguel Arcanjo é tão importante. Ele vem em nosso socorro com sua espada de amor e luz e nos liberta de tudo aquilo que tenta nos roubar a paz e a serenidade. Quais têm sido seus combates? Por um tempo, olhe para sua própria história e apresente tais situações conflituosas a São Miguel Arcanjo, suplicando a ele sua bondosa intercessão. Depois desse momento importante de súplica, continue seu momento de oração.

Terminada essa reflexão pessoal, leia, sem pressa, a **Palavra de Deus**, procurando meditar e ouvir o que Deus tem a lhe dizer. Em seguida, reze com fé a **Ladainha de São Miguel Arcanjo**. Ore com confiança, acreditando verdadeiramente que São Miguel Arcanjo está a seu lado para o proteger e o defender nos combates, que lhe roubam a paz.

PALAVRA DE DEUS: SL 144,1-2

"Seja bendito Javé, o meu rochedo,
que adestra minhas mãos para a batalha
e meus dedos para a guerra.
Meu benfeitor, minha fortaleza,
minha torre forte e meu libertador,
meu escudo e meu refúgio,
que a mim submete os povos."

LADAINHA DE SÃO MIGUEL ARCANJO

Senhor, tende piedade de nós.
Jesus Cristo, tende piedade de nós.
Senhor, tende piedade de nós.

Jesus Cristo, ouvi-nos.
Jesus Cristo, atendei-nos.

Pai Misericordioso, que sois Deus, tende piedade de nós.
Filho Salvador, que sois Deus, tende piedade de nós.
Espírito Santo Paráclito, que sois Deus,
tende piedade de nós.
Trindade Santa, Fonte da Vida, que sois um único Deus,
tende piedade de nós.

Santa Maria, Rainha dos Anjos, rogai por nós.

São Miguel, rogai por nós.
Príncipe da Milícia Celeste, rogai por nós.
Guerreiro do Amor, rogai por nós.
Amigo dos homens, rogai por nós.
Príncipe dos exércitos do Senhor, rogai por nós.
Guardião do Paraíso, rogai por nós.
Companheiro de jornada, rogai por nós.
Luz que afugenta todas as trevas, São Miguel,
rogai por nós.
Protetor das almas indefesas, rogai por nós.
Consolador das almas que estão no Purgatório,
rogai por nós.

Cordeiro de Deus, que tirais o pecado do mundo,
perdoai-nos, Senhor.
Cordeiro de Deus, que tirais o pecado do mundo,
atendei-nos, Senhor.
Cordeiro de Deus, que tirais o pecado do mundo,
tende piedade de nós.

São Miguel Arcanjo, Príncipe da Luz e Protetor Divino dos
que invocam vosso auxílio,
rogai por nós e não nos desampareis.

Levanta-se Deus, pela intercessão da Virgem Maria, de
São Miguel Arcanjo e de toda a Milícia Celeste;
sejam dispersos seus inimigos; e fujam de sua face todos
os que o odeiam.

Em nome do Pai, do Filho e do Espírito Santo.
Amém!

Após rezar a **Ladainha de São Miguel Arcanjo**, reze com fé e confiança a **Oração a São Miguel Arcanjo**. Aproprie-se de cada palavra e das bênçãos que essa oração pode conceder-lhe. Reze cada palavra acreditando que São Miguel Arcanjo está junto de você para o defender e proteger sua vida. Nos combates diários, São Miguel está a seu lado.

ORAÇÃO A SÃO MIGUEL ARCANJO

Glorioso São Miguel Arcanjo,
poderoso vencedor das batalhas espirituais,
vinde em auxílio das minhas necessidades
espirituais e temporais.
Afugentai de minha presença todo mal,
todo ataque e todas ciladas do inimigo.
Com vossa poderosa espada de luz,
derrotai todas as forças malignas
e iluminai meus caminhos
com a luz de vossa proteção.
Arcanjo Miguel,
do mal libertai-me;
do inimigo livrai-me;
das tempestades socorrei-me;
dos perigos protegei-me;

das perseguições salvai-me!
Glorioso São Miguel Arcanjo,
pelo poder celeste a vós conferido,
sede para mim o guerreiro valente
e conduzi-me nos caminhos da paz.
Amém!

Para concluir este segundo dia dos Exercícios Espirituais, agradeça a Deus a oportunidade de estar seguindo, com perseverança e fidelidade, nesta caminhada de fé, e as graças que já começaram a ser derramadas em sua vida. Agradeça também a intercessão de São Miguel Arcanjo e peça sempre a presença desse divino Arcanjo em todos os momentos de sua vida. São Miguel Arcanjo é seu amigo e defensor junto de Deus! Para finalizar, trace com fé, calma e confiança o sinal da cruz sobre você.

COMPROMISSO DO DIA

Em meio aos combates que surgirem ao longo deste dia, reze com fé e confiança: **"São Miguel, poderoso protetor, defendei-me neste combate, meu valoroso Arcanjo do Amor!"**

3º Dia

São Miguel Arcanjo, protegei-me dos perigos

"Meu socorro vem de Javé, que fez o céu e a terra. Ele não deixará que seu pé tropece, seu guarda jamais dormirá! Sim, não dorme nem cochila o guarda de Israel."
(Sl 121,2-4)

Neste terceiro dia dos **Exercícios Espirituais com São Miguel Arcanjo**, reze para que ele proteja você de todos os perigos corporais e espirituais. Para rezar melhor, leia as orientações propostas no início deste livro.

CATEQUESE SOBRE OS ANJOS

São Paulo ensinava em sua primeira Carta aos fiéis de Colossos: "Nele foram criadas todas as coisas nos céus e na terra, as criaturas visíveis e invisíveis, Tronos, Dominações (ou Soberanias), Principados, Potestades (ou Autoridades): tudo foi criado por Ele e para Ele" (Cl 1,16).

O Concílio de Florença, sob o pontificado de Eugênio IV (1441-2) – pelo Decreto "Pro-Iacobitis" e pela Bula "Contate Domine" –, de 4 de janeiro de 1441, assim se expressou: "A sacrossanta Igreja romana crê firmemente, professa e prega que um só é o verdadeiro Deus (...), que é o criador de todas as coisas visíveis e invisíveis, o qual quando quis, por sua vontade, criou todas as criaturas, tanto espirituais como corporais" (DS 706).

O Concílio de Trento (1545-1563) repetiu o ensinamento tradicional definido no IV Concílio de Latrão. Lê-se no Catecismo Romano e na profissão de Fé, expressa na Bula "Iniunctum nobis", do papa Paulo IV, de 13 de novembro de 1564: "Deus criou também, do nada, a natureza espiritual e inumeráveis Anjos para que o servissem e assistissem" (1ª parte, Cap. 2, a.1 do Símbolo, n. 17).

PREPARAÇÃO ESPIRITUAL

Todos os dias somos afligidos por inúmeros perigos. E são tantos! Há perigos corporais: roubo, violência, morte, acidente, doença... Mas há também os perigos espirituais: trauma, medo, nervosismo, depressão, raiva... Todas essas situações nos fazem mal e causam uma grande desestrutura em nossa vida. Por isso hoje vamos rezar pedindo que São Miguel Arcanjo nos proteja de todos os perigos.

Por alguns minutos, apresente a ele os perigos de que deseja ser preservado. Você pode também pedir por sua família e seus amigos. Dedique um tempo a fazer esse exame de consciência. Após concluir essa etapa, continue a leitura a seguir.

Leia com calma a **Palavra de Deus**. Por alguns instantes, medite o que Deus lhe diz por meio daquelas palavras. Depois reze com fé e confiança a **Ladainha de São Miguel Arcanjo**. Enquanto estiver rezando, acredite verdadeiramente que São Miguel Arcanjo está a seu lado, protegendo-o contra todos os perigos. Visualize esse Arcanjo Divino a sua frente, iluminando seu caminho com uma luz protetora, que afugenta todas as trevas.

PALAVRA DE DEUS: MT 10,29-31

"Não se vendem dois pardais por alguns trocados? No entanto, nenhum deles cai no chão sem o consentimento do Pai de vocês. Quanto a vocês, até os cabelos da cabeça estão todos contados. Não tenham medo! Vocês valem mais do que muitos pardais."

LADAINHA DE SÃO MIGUEL ARCANJO

Senhor, tende piedade de nós.
Jesus Cristo, tende piedade de nós.
Senhor, tende piedade de nós.

Jesus Cristo, ouvi-nos.
Jesus Cristo, atendei-nos.

Pai Misericordioso, que sois Deus, tende piedade de nós.
Filho Salvador, que sois Deus, tende piedade de nós.
Espírito Santo Paráclito, que sois Deus, tende piedade de nós.
Trindade Santa, Fonte da Vida, que sois um único Deus, tende piedade de nós.

Santa Maria, Rainha dos Anjos, rogai por nós.

São Miguel, rogai por nós.

Príncipe da Milícia Celeste, rogai por nós.
Guerreiro do Amor, rogai por nós.
Amigo dos homens, rogai por nós.
Príncipe dos exércitos do Senhor, rogai por nós.
Guardião do Paraíso, rogai por nós.
Companheiro de jornada, rogai por nós.
Luz que afugenta todas as trevas, São Miguel, rogai por nós.
Protetor das almas indefesas, rogai por nós.
Consolador das almas que estão no Purgatório, rogai por nós.

Cordeiro de Deus, que tirais o pecado do mundo, perdoai-nos, Senhor.
Cordeiro de Deus, que tirais o pecado do mundo, atendei-nos, Senhor.
Cordeiro de Deus, que tirais o pecado do mundo, tende piedade de nós.

São Miguel Arcanjo, Príncipe da Luz e Protetor Divino dos que invocam vosso auxílio,
rogai por nós e não nos desampareis.

Levanta-se Deus, pela intercessão da Virgem Maria, de São Miguel Arcanjo e de toda a Milícia Celeste;
sejam dispersos seus inimigos; e fujam de sua face todos os que o odeiam. Em nome do Pai, do Filho e do Espírito Santo. Amém!

Após rezar a **Ladainha de São Miguel Arcanjo**, reze com confiança a **Oração a São Miguel Arcanjo**.

Essa oração ajudar-lhe-á a estar mais próximo desse Arcanjo protetor. Aproprie-se de cada palavra e das bênçãos que essa oração pode conceder-lhe. Reze cada palavra acreditando que São Miguel Arcanjo está junto de você protegendo sua vida, sua família e seus amigos.

ORAÇÃO A SÃO MIGUEL ARCANJO

Glorioso São Miguel Arcanjo,
poderoso vencedor das batalhas espirituais,
vinde em auxílio das minhas necessidades
espirituais e temporais.
Afugentai de minha presença todo mal,
todo ataque e todas ciladas do inimigo.
Com vossa poderosa espada de luz,
derrotai todas as forças malignas
e iluminai meus caminhos
com a luz de vossa proteção.
Arcanjo Miguel,
do mal libertai-me;
do inimigo livrai-me;
das tempestades socorrei-me;
dos perigos protegei-me;
das perseguições salvai-me!
Glorioso São Miguel Arcanjo,
pelo poder celeste a vós conferido,

sede para mim o guerreiro valente
e conduzi-me nos caminhos da paz.
Amém!

Conclua este terceiro dia dos Exercícios Espirituais agradecendo a Deus mais um dia de graças concedidas, pela intercessão do grande Príncipe da Milícia Celeste. Agradeça a São Miguel Arcanjo estar sempre a sua frente, defendendo você e aqueles que você ama de todos os perigos. Para finalizar, trace com fé, calma e confiança o sinal da cruz sobre você.

COMPROMISSO DO DIA

Durante o dia de hoje, reze várias vezes esta pequena oração: **"Dos perigos defendei-me; do mal libertai-me; São Miguel Arcanjo, sempre me guiai!"**

4º Dia

São Miguel Arcanjo, iluminai meu caminho

"Porque todos vocês são filhos da luz e filhos do dia. Não somos da noite nem das trevas."

(1Ts 5,5)

Neste quarto dia dos **Exercícios Espirituais com São Miguel Arcanjo**, reze a São Miguel Arcanjo pedindo--lhe que ilumine seus caminhos. Retome as orientações propostas no início deste livro.

CATEQUESE SOBRE OS ANJOS

O Concílio Vaticano I (1869-1870), pelos decretos 3002 e 3025 da "Constitutio de fide catholica" – (DS 1873) – e "Dei Filius", ao condenar certos erros, afirma: "Este Deus único verdadeiro (...), com um ato libérrimo no início dos tempos, fez do nada ambas as criaturas, a espiritual e a corporal, isto é, a angélica e o mundo; depois a criatura humana, como que participando de ambas, constituída de alma e de corpo". O mesmo Concílio condenou os que "Afirmam que, fora da matéria, nada mais existe" (Dec. 3022, 3025 – "Contra o materialismo", DS 1802).

Na Encíclica "Summi Pontificatus", de 20 de outubro de 1939, Pio XII lamenta que "alguns ainda perguntem se os Anjos são seres pessoais e se a matéria difere essencialmente do espírito" (DS 2318).

O Concílio Vaticano II (1962-1965), na Constituição Dogmática "Lumen Gentium", fala claramente dos anjos: "Portanto, até que o Senhor venha com toda a sua Majestade e todos os Anjos com Ele" (cf. Mt 25,31) – (LG 49).

PREPARAÇÃO ESPIRITUAL

Há caminhos que nos levam para a vida, mas há também os que nos conduzem à perdição e à morte. Queremos caminhar pela vida iluminados pelo amor misericordioso de Deus. Por isso, neste quarto dia de nossos Exercícios Espirituais com São Miguel Arcanjo, suplicamos ao Guardião da Fé que ilumine nossos caminhos e defenda-nos do mal. Confiamos que São Miguel Arcanjo vai a nossa frente, guiando nossos passos com segurança. Durante alguns minutos, pense em quais caminhos irá percorrer.

Peça que São Miguel Arcanjo vá a sua frente, iluminando seu trajeto com a luz divina e afugentando todas as trevas do mal. Você também pode pedir que ilumine o caminho de seus familiares e de seus amigos. Reze também para que nosso poderoso defensor ilumine os percursos da Igreja, dos enfermos, dos sofredores, dos abandonados... Após rezar tranquilamente pelas intenções que estão em seu coração, continue a fazer sua novena a partir do texto a seguir.

É chegado o momento de ler a Palavra de Deus. Deixe-o falar a seu coração. Em seguida, reze com fé e confiança a **Ladainha de São Miguel Arcanjo**. Em cada frase dessa ladainha, um raio de luz ilumina seus caminhos. Essa mesma luz chega também a todos aqueles por quem você está rezando hoje. São Miguel Arcanjo está com você sempre!

PALAVRA DE DEUS: MT 5,14-16

"Vocês são a luz do mundo. Não pode ficar escondida uma cidade construída sobre um monte. Ninguém acende uma lâmpada para colocá-la debaixo de uma vasilha, e sim para colocá-la no candeeiro, onde ela brilha para todos os que estão em casa. Assim também: que a luz de vocês brilhe diante dos homens, para que eles vejam as boas obras que vocês fazem e louvem o Pai de vocês, que está no céu."

LADAINHA DE SÃO MIGUEL ARCANJO

Senhor, tende piedade de nós.
Jesus Cristo, tende piedade de nós.
Senhor, tende piedade de nós.

Jesus Cristo, ouvi-nos.
Jesus Cristo, atendei-nos.

Pai Misericordioso, que sois Deus, tende piedade de nós.
Filho Salvador, que sois Deus, tende piedade de nós.
Espírito Santo Paráclito, que sois Deus,
tende piedade de nós.
Trindade Santa, Fonte da Vida, que sois um único Deus,
tende piedade de nós.

Santa Maria, Rainha dos Anjos, rogai por nós.

São Miguel, rogai por nós.
Príncipe da Milícia Celeste, rogai por nós.
Guerreiro do Amor, rogai por nós.
Amigo dos homens, rogai por nós.
Príncipe dos exércitos do Senhor, rogai por nós.
Guardião do Paraíso, rogai por nós.
Companheiro de jornada, rogai por nós.
Luz que afugenta todas as trevas, São Miguel,
rogai por nós.
Protetor das almas indefesas, rogai por nós.
Consolador das almas que estão no Purgatório,
rogai por nós.

Cordeiro de Deus, que tirais o pecado do mundo,
perdoai-nos, Senhor.
Cordeiro de Deus, que tirais o pecado do mundo,
atendei-nos, Senhor.
Cordeiro de Deus, que tirais o pecado do mundo,
tende piedade de nós.

São Miguel Arcanjo, Príncipe da Luz e
Protetor Divino dos que invocam vosso auxílio,
rogai por nós e não nos desampareis.

Levanta-se Deus, pela intercessão da Virgem Maria, de São Miguel Arcanjo e de toda a Milícia Celeste; sejam dispersos seus inimigos; e fujam de sua face todos os que o odeiam. Em nome do Pai, do Filho e do Espírito Santo. Amém!

Após rezar a Ladainha de São Miguel Arcanjo, reze agora, com fé e confiança, a **Oração a São Miguel Arcanjo**. Aproprie-se de cada palavra e das bênçãos que essa oração pode conceder-lhe. Ao pronunciar cada palavra, as luzes divinas iluminem seus caminhos e São Miguel Arcanjo seja para você um grande defensor.

ORAÇÃO A SÃO MIGUEL ARCANJO

Glorioso São Miguel Arcanjo,
poderoso vencedor das batalhas espirituais,
vinde em auxílio das minhas necessidades
espirituais e temporais.
Afugentai de minha presença todo mal,
todo ataque e todas ciladas do inimigo.
Com vossa poderosa espada de luz,
derrotai todas as forças malignas
e iluminai meus caminhos
com a luz de vossa proteção.
Arcanjo Miguel,
do mal libertai-me;
do inimigo livrai-me;

das tempestades socorrei-me;
dos perigos protegei-me;
das perseguições salvai-me!
Glorioso São Miguel Arcanjo,
pelo poder celeste a vós conferido,
sede para mim o guerreiro valente
e conduzi-me nos caminhos da paz.
Amém!

Termine este quarto dia dos Exercícios Espirituais louvando a Deus pela certeza que tem no coração de que nos caminhos da vida você não está sozinho. Com você Deus caminha e coloca a sua frente o Arcanjo Miguel para o proteger e defender. Permita que a luz da confiança divina brilhe em sua alma. Agradeça a São Miguel Arcanjo ser sinal da luz de Deus em sua vida. Para finalizar, trace sobre você com fé, calma e confiança o sinal da cruz sagrada.

COMPROMISSO DO DIA

Em meio às diversas atividades deste dia, reze com perseverança: **"São Miguel Arcanjo, protetor e guardião, iluminai meus caminhos e concedei a paz ao meu coração!"**

5º Dia

São Miguel Arcanjo, abençoai minha família

"Sejam bons e compreensivos uns com os outros, perdoando-se mutuamente, assim como Deus perdoou a vocês em Cristo."

(Ef 4,32)

Neste quinto dia dos **Exercícios Espirituais com São Miguel Arcanjo**, reze por sua família, suplicando a intercessão do nosso amado defensor: o Arcanjo Miguel. Antes de iniciar sua oração, leia atentamente as orientações propostas no início deste livro.

CATEQUESE SOBRE OS ANJOS

No Credo do Povo de Deus, do papa Paulo VI, de 30 de junho de 1968, o Santo Padre afirma: "Cremos em um só Deus, Pai, Filho e Espírito Santo, Criador das coisas visíveis, como este mundo, onde se desenrola a nossa vida passageira; Criador dos seres invisíveis como os puros espíritos, que também são denominados Anjos, e Criador, em cada homem, da alma espiritual e imortal".

Vejamos o que escreveu Santo Hilário a respeito dos anjos: "Os Anjos nos ajudam em nossa luta para nos mantermos fortes contra os poderes do mal. (...) Os puros espíritos foram enviados para o resgate da raça humana. Na verdade, por nossa fraqueza, se os Anjos não viessem em nosso socorro, não poderíamos resistir aos ataques dos espíritos malignos. Precisamos da ajuda de uma natureza superior. Sabemos que foi com estas palavras que o Senhor fortaleceu Moisés, que tremia e temia: 'Meu Anjo irá diante de ti'".

PREPARAÇÃO ESPIRITUAL

Nossa família é nosso maior tesouro aqui nesta vida. Por isso, neste quinto dia de nossos Exercícios Espirituais a São Miguel Arcanjo, iremos rezar de modo particular por nossa família. Apresente a Deus, por intercessão de São Miguel Arcanjo, as intenções pelas quais deseja rezar neste quinto dia. Está enfrentando algum problema em seu lar? Alguém de sua família precisa de conversão? Seus familiares estão divididos por algum desentendimento? Algum membro de sua família está enfermo? Alguém faleceu? Seus filhos ou netos estão rebeldes e causam desgosto para você? Há alguém envolvido nas drogas, no alcoolismo, em roubos ou em outras situações perigosas? Algum familiar está com depressão ou tem um temperamento difícil ou explosivo? Alguém faleceu e você não consegue aceitar a dor da saudade? Essas ou outras situações podem estar causando profunda tristeza em sua alma e falta de paz em seu lar.

Com muita paciência, apresente a São Miguel Arcanjo cada situação que esteja enfrentando. Confie, acredite que ele irá apresentar a Deus cada um de seus pedidos. Dedique esse tempo precioso para apresentar a Deus cada intenção que hoje seu coração está clamando à misericórdia divina. Depois de apresentar seus pedidos, suplicando a intercessão de São Miguel Arcanjo, continue sua novena a partir do texto a seguir.

Leia atenta e calmamente a **Palavra de Deus**, buscando meditar e ouvir o que o Senhor tem a lhe dizer, no dia de hoje. Em seguida, reze com fé a **Ladainha de São Miguel Arcanjo**. Ore com confiança, acreditando verdadeiramente que ele está abençoando seu lar e iluminando cada pessoa de sua família, com a luz do amor e da paz. Confie verdadeiramente que sua oração está chegando ao coração de Deus e que São Miguel está neste momento a seu lado.

PALAVRA DE DEUS: JS 24,15

"Se, porém, não agrada a vocês servir ao Senhor, escolham hoje a quem irão servir, se aos deuses que os seus antepassados serviram além do Eufrates, ou aos deuses dos amorreus, em cuja terra vocês estão vivendo. Mas eu e a minha família serviremos ao Senhor."

LADAINHA DE SÃO MIGUEL ARCANJO

Senhor, tende piedade de nós.
Jesus Cristo, tende piedade de nós.
Senhor, tende piedade de nós.

Jesus Cristo, ouvi-nos.
Jesus Cristo, atendei-nos.

Pai Misericordioso, que sois Deus, tende piedade de nós.

Filho Salvador, que sois Deus, tende piedade de nós.
Espírito Santo Paráclito, que sois Deus,
tende piedade de nós.
Trindade Santa, Fonte da Vida, que sois um único Deus,
tende piedade de nós.

Santa Maria, Rainha dos Anjos, rogai por nós.

São Miguel, rogai por nós.
Príncipe da Milícia Celeste, rogai por nós.
Guerreiro do Amor, rogai por nós.
Amigo dos homens, rogai por nós.
Príncipe dos exércitos do Senhor, rogai por nós.
Guardião do Paraíso, rogai por nós.
Companheiro de jornada, rogai por nós.
Luz que afugenta todas as trevas, São Miguel,
rogai por nós.
Protetor das almas indefesas, rogai por nós.
Consolador das almas que estão no Purgatório,
rogai por nós.

Cordeiro de Deus, que tirais o pecado do mundo,
perdoai-nos, Senhor.
Cordeiro de Deus, que tirais o pecado do mundo,
atendei-nos, Senhor.
Cordeiro de Deus, que tirais o pecado do mundo,
tende piedade de nós.

São Miguel Arcanjo, Príncipe da Luz e Protetor Divino dos que invocam vosso auxílio, rogai por nós e não nos desampareis.

Levanta-se Deus, pela intercessão da Virgem Maria, de São Miguel Arcanjo e de toda a Milícia Celeste; sejam dispersos seus inimigos; e fujam de sua face todos; os que o odeiam. Em nome do Pai, do Filho e do Espírito Santo. Amém!

Após rezar a **Ladainha de São Miguel Arcanjo**, reze com fé e confiança a **Oração a São Miguel Arcanjo**. Reze acreditando na intercessão misericordiosa de São Miguel Arcanjo. Ao rezar, acredite que ele está com você e com seus familiares por quem hoje está orando.

ORAÇÃO A SÃO MIGUEL ARCANJO

Glorioso São Miguel Arcanjo,
poderoso vencedor das batalhas espirituais,
vinde em auxílio das minhas necessidades
espirituais e temporais.
Afugentai de minha presença todo mal,
todo ataque e todas ciladas do inimigo.
Com vossa poderosa espada de luz,
derrotai todas as forças malignas
e iluminai meus caminhos
com a luz de vossa proteção.

Arcanjo Miguel,
do mal libertai-me;
do inimigo livrai-me;
das tempestades socorrei-me;
dos perigos protegei-me;
das perseguições salvai-me!
Glorioso São Miguel Arcanjo,
pelo poder celeste a vós conferido,
sede para mim o guerreiro valente
e conduzi-me nos caminhos da paz.
Amém!

Conclua este quinto dia dos Exercícios Espirituais, agradecendo a Deus conceder-lhe um lar e ter a oportunidade de rezar hoje por seus familiares. Agradeça também a intercessão de São Miguel Arcanjo e peça sempre a presença desse divino Arcanjo todos os dias em sua vida. Para finalizar, trace com fé, calma e confiança o sinal da cruz sobre você.

COMPROMISSO DO DIA

Hoje, ao se lembrar de algum de seus familiares, reze confiante: **"São Miguel Arcanjo, minha família defendei, das ciladas da maldade a protegei!"**

6º Dia

São Miguel Arcanjo, concedei-me paciência

"Sejam alegres na esperança, pacientes na tribulação e perseverantes na oração."
(Rm 12,12)

Neste sexto dia dos **Exercícios Espirituais com São Miguel Arcanjo**, reze pedindo a São Miguel Arcanjo que interceda junto a Deus para que lhe conceda a virtude da paciência. Antes de iniciar seu momento de oração, leia novamente (se for necessário) as orientações propostas no início deste livro.

CATEQUESE SOBRE OS ANJOS

São Basílio assim escreveu sobre os anjos: "Entre os Anjos, alguns trabalham especialmente junto às nações, outros como companheiros dos fiéis. Todo crente tem um Anjo para guiá-lo como mestre e pastor; é o que nos ensina Moisés (Gn 48,16). Que cada fiel seja assistido por um Anjo, como mestre e protetor, que lhe reja a vida, ninguém o poderá negar, se se lembrar das palavras do Senhor quando disse: 'Não desprezeis ao menor desses pequeninos; seus Anjos contemplam a face de meu Pai, que está nos Céus'".

Orígenes disse: "Junto a cada homem, existe sempre um Anjo do Senhor, que o ilumina, guarda-o e o protege de todo o mal. Somos também devedores de nosso Anjo da Guarda, que contempla sempre o rosto do Pai, que está nos Céus".

São Gregório Nazianzeno afirmou: "Deus não deixou nossa fraqueza sem ajuda; mas destinou-nos um Anjo para auxiliar a vida de cada um de nós, e esse Anjo é de natureza totalmente incorpórea".

PREPARAÇÃO ESPIRITUAL

A paciência é uma virtude necessária, mas que infelizmente parece, às vezes, bastante longe de conseguirmos adquiri-la. Por isso, neste sexto dia de nossos **Exercícios Espirituais com São Miguel Arcanjo**, vamos suplicar a ele que, junto a Deus misericordioso, nos ensine o caminho para que possamos cultivar tal virtude em nosso dia a dia. Procure recordar em quais situações de sua vida lhe falta a paciência. Procure também se lembrar das situações que cotidianamente lhe roubam a paz interior. Peça a graça de alcançar a paciência consigo mesmo e também com o próximo e acredite na força da oração, que com fé e confiança chega ao coração de nosso Deus e Pai.

Leia a **Palavra de Deus** e deixe que essas santas palavras transformem seu coração. Reze com confiança e paciência a **Ladainha de São Miguel Arcanjo**. Não tenha pressa em terminar; alimente sua alma com cada frase e expressão ali contidas. São Miguel está a seu lado concedendo-lhe a paz necessária para que você adquira a consciência de que com o nervosismo não conseguirá obter a serenidade de que tanto necessita.

PALAVRA DE DEUS: SL 37,7-9

"Descanse no Senhor
e aguarde por ele com paciência;
não se aborreça com o sucesso dos outros
nem com aqueles que maquinam o mal.
Evite a ira e rejeite a fúria;
não se irrite: isso só leva ao mal.
Pois os maus serão eliminados,
mas os que esperam no Senhor
receberão a terra por herança."

LADAINHA DE SÃO MIGUEL ARCANJO

Senhor, tende piedade de nós.
Jesus Cristo, tende piedade de nós.
Senhor, tende piedade de nós.

Jesus Cristo, ouvi-nos.
Jesus Cristo, atendei-nos.

Pai Misericordioso, que sois Deus, tende piedade de nós.
Filho Salvador, que sois Deus, tende piedade de nós.
Espírito Santo Paráclito, que sois Deus,
tende piedade de nós.
Trindade Santa, Fonte da Vida, que sois um único Deus,
tende piedade de nós.

Santa Maria, Rainha dos Anjos, rogai por nós.

São Miguel, rogai por nós.
Príncipe da Milícia Celeste, rogai por nós.
Guerreiro do Amor, rogai por nós.
Amigo dos homens, rogai por nós.
Príncipe dos exércitos do Senhor, rogai por nós.
Guardião do Paraíso, rogai por nós.
Companheiro de jornada, rogai por nós.
Luz que afugenta todas as trevas, São Miguel,
rogai por nós.
Protetor das almas indefesas, rogai por nós.
Consolador das almas que estão no Purgatório,
rogai por nós.

Cordeiro de Deus, que tirais o pecado do mundo,
perdoai-nos, Senhor.
Cordeiro de Deus, que tirais o pecado do mundo,
atendei-nos, Senhor.
Cordeiro de Deus, que tirais o pecado do mundo,
tende piedade de nós.

São Miguel Arcanjo, Príncipe da Luz e Protetor Divino dos que invocam vosso auxílio, rogai por nós e não nos desampareis.

Levanta-se Deus, pela intercessão da Virgem Maria, de São Miguel Arcanjo e de toda a Milícia Celeste, sejam dispersos seus inimigos; e fujam de sua face todos os que o odeiam. Em nome do Pai do Filho e do Espírito Santo. Amém!

Agora que rezou pacientemente a **Ladainha de São Miguel Arcanjo**, reze com fé a **Oração a São Miguel Arcanjo**. Procure fazê-lo com tranquilidade, sem pressa. Este é seu momento diante de Deus, por isso busque na serenidade da fé o caminho para chegar pacientemente a seu coração.

ORAÇÃO A SÃO MIGUEL ARCANJO

Glorioso São Miguel Arcanjo,
poderoso vencedor das batalhas espirituais,
vinde em auxílio das minhas necessidades
espirituais e temporais.
Afugentai de minha presença todo mal,
todo ataque e todas ciladas do inimigo.
Com vossa poderosa espada de luz,
derrotai todas as forças malignas
e iluminai meus caminhos
com a luz de vossa proteção.
Arcanjo Miguel,
do mal libertai-me;
do inimigo livrai-me;
das tempestades socorrei-me;
dos perigos protegei-me;

das perseguições salvai-me!
Glorioso São Miguel Arcanjo,
pelo poder celeste a vós conferido,
sede para mim o guerreiro valente
e conduzi-me nos caminhos da paz.
Amém!

Termine este sexto dia dos Exercícios Espirituais em paz. Procure levar por todo o seu dia esta serenidade que agora sente fluir em sua alma. São Miguel Arcanjo está a seu lado para lhe defender, e, quando estiver para perder a paciência, lembre-se de que as dificuldades são solucionadas com serenidade, misericórdia e amor. Agradeça a intercessão de São Miguel Arcanjo todos estes dias. Ele é o Guardião da Paz Divina. Para finalizar, trace com fé, calma e confiança o sinal da cruz sobre você.

COMPROMISSO DO DIA

Quando sentir em seu coração que perdeu a paciência e que o nervosismo tomou conta de seu coração, reze com fé: **"Arcanjo Miguel, Guardião da Paz e do Amor, libertai minha alma de todo ardor!"**

7º Dia

São Miguel Arcanjo, abençoai meu trabalho

"Tudo o que vocês fizerem façam de coração,
como quem obedece ao Senhor,
e não aos homens."
(Cl 3,23)

Chegamos ao sétimo dia de nossos **Exercícios Espirituais com São Miguel Arcanjo**. Hoje, reze pedindo a ele que interceda junto a Deus para que Ele abençoe seu trabalho e todos aqueles que convivem com você no ambiente profissional. Antes de iniciar seu momento de oração, leia novamente as orientações que estão no início deste livro.

CATEQUESE SOBRE OS ANJOS

São João Crisóstomo assim se expressava em relação aos anjos: "Sim, os Anjos estão aqui presentes; nesta reunião estão os Anjos e mártires. Querem vê-los? Então abram os olhos da fé e contemplem o espetáculo. A atmosfera está repleta de Anjos (...). É tão verdade que o ar está povoado de Anjos, que o Apóstolo mostra-nos isso quando instrui as mulheres para que usem um véu sobre suas cabeças: 'As mulheres devem ter um véu sobre a cabeça por causa dos Anjos' (1Cor 11,10). 'Um Anjo, disse Jacó, protegeu-me desde a minha juventude' (Gn 48,16)".

São Jerônimo disse: "Tão grande é a dignidade de cada alma, que, ao nascer, tem um Anjo destinado para sua guarda".

Santo Ambrósio escreveu: "Como podem os Anjos estarem longe, quando nos foram dados por Deus para ajudar-nos? Eles não se apartam de nós, embora aquele que é assaltado pelas tentações pense que estão longe..."

PREPARAÇÃO ESPIRITUAL

Nem sempre o ambiente de trabalho é um local onde a paz reina. Muitas vezes, as discórdias, fofocas e rivalidades se fazem mais presentes que a misericórdia e o amor. Por isso é preciso rezar sempre para que as boas relações entre todos sejam o alicerce para uma convivência saudável e frutuosa. Hoje, reze nessa intenção. Talvez haja problemas e dificuldades de relacionamento com colegas ou, até mesmo, com seu patrão. Pode ser que você seja de temperamento forte e explosivo, e isso tem causado sérias dificuldades com seus colegas no trabalho. Ou ainda pode ser que, em seu local de trabalho, existam muita fofoca, rivalidade e inveja.

Com tranquilidade, vá apresentando a São Miguel Arcanjo as situações pelas quais deseja rezar hoje. Confie que ele está recolhendo cada intenção e apresentando a Deus. E não se esqueça de pedir a Deus ajudar você a ser sempre uma pessoa melhor em seu trabalho. Quando rezamos com confiança somos atendidos. Peça também a presença de Arcanjo Miguel todos os dias em seu local de trabalho. Dedique um tempo para conversar com São Miguel e depois continue sua oração da novena.

Certo de que Deus acolheu suas intenções, pela intercessão de São Miguel Arcanjo, leia com calma a **Palavra de Deus**, procurando meditar aquilo que lê. Depois, reze com confiança a **Ladainha de São Miguel Arcanjo**. Enquanto você estiver rezando, permita que Deus vá transformando seu coração em um ambiente de paz, inundado pela misericórdia e pelo amor divinos.

PALAVRA DE DEUS: FL 2,14-16

"Façam tudo sem murmurações e sem críticas, para serem inocentes e íntegros, como perfeitos filhos de Deus que vivem no meio de gente pecadora e corrompida, onde vocês brilham como astros no mundo, apegando-se firmemente à Palavra da vida."

LADAINHA DE SÃO MIGUEL ARCANJO

Senhor, tende piedade de nós.
Jesus Cristo, tende piedade de nós.
Senhor, tende piedade de nós.

Jesus Cristo, ouvi-nos.
Jesus Cristo, atendei-nos.

Pai Misericordioso, que sois Deus, tende piedade de nós.
Filho Salvador, que sois Deus, tende piedade de nós.
Espírito Santo Paráclito, que sois Deus, tende piedade de nós.

Trindade Santa, Fonte da Vida, que sois um único Deus, tende piedade de nós.

Santa Maria, Rainha dos Anjos, rogai por nós.

São Miguel, rogai por nós.
Príncipe da Milícia Celeste, rogai por nós.
Guerreiro do Amor, rogai por nós.
Amigo dos homens, rogai por nós.
Príncipe dos exércitos do Senhor, rogai por nós.
Guardião do Paraíso, rogai por nós.
Companheiro de jornada, rogai por nós.
Luz que afugenta todas as trevas, São Miguel, rogai por nós.
Protetor das almas indefesas, rogai por nós.
Consolador das almas que estão no Purgatório, rogai por nós.

Cordeiro de Deus, que tirais o pecado do mundo, perdoai-nos, Senhor.
Cordeiro de Deus, que tirais o pecado do mundo, atendei-nos, Senhor.
Cordeiro de Deus, que tirais o pecado do mundo, tende piedade de nós.

São Miguel Arcanjo, Príncipe da Luz e Protetor Divino dos que invocam vosso auxílio, rogai por nós e não nos desampareis.

Levanta-se Deus, pela intercessão da Virgem Maria, de São Miguel Arcanjo e de toda a Milícia Celeste; sejam dispersos seus inimigos; e fujam de sua face todos os que o odeiam. Em nome do Pai, do Filho e do Espírito Santo. Amém!

É chegado o momento de rezar a **Oração a São Miguel Arcanjo**. Nessa oração traga a sua memória todos aqueles que trabalham com você. Lembre-se do rosto e do temperamento de cada um e, antes de iniciar sua oração, apresente cada um deles a São Miguel Arcanjo pedindo que sejam protegidos e iluminados por esse poderoso Arcanjo da Paz.

ORAÇÃO A SÃO MIGUEL ARCANJO

Glorioso São Miguel Arcanjo,
poderoso vencedor das batalhas espirituais,
vinde em auxílio das minhas necessidades
espirituais e temporais.
Afugentai de minha presença todo mal,
todo ataque e todas ciladas do inimigo.
Com vossa poderosa espada de luz,
derrotai todas as forças malignas
e iluminai meus caminhos
com a luz de vossa proteção.
Arcanjo Miguel,
do mal libertai-me;

do inimigo livrai-me;
das tempestades socorrei-me;
dos perigos protegei-me;
das perseguições salvai-me!
Glorioso São Miguel Arcanjo,
pelo poder celeste a vós conferido,
sede para mim o guerreiro valente
e conduzi-me nos caminhos da paz.
Amém!

Conclua este sétimo dia dos Exercícios Espirituais certo de que suas orações foram ouvidas por Deus e que seu ambiente de trabalho será transformado pela graça divina e ação amorosa de São Miguel Arcanjo. Ao chegar a seu local de trabalho, peça sempre que São Miguel vá a sua frente iluminando, com sua luz pacificadora, cada um que de você se aproximar. Para finalizar, trace com fé, calma e confiança o sinal da cruz sobre você.

COMPROMISSO DO DIA

Quando estiver enfrentando uma dificuldade em seu trabalho, reze a São Miguel Arcanjo esta oração: **"São Miguel Arcanjo, do mal me livrai; meu trabalho iluminai!"**

8º Dia

São Miguel Arcanjo, concedei-me a vitória

"Confie a Javé o que você faz,
e seus projetos se realizarão."
(Pr 16,3)

Neste oitavo dia dos **Exercícios Espirituais com São Miguel Arcanjo**, reze pedindo a vitória de Deus em sua vida. Se for necessário, antes de iniciar seu momento de oração, leia novamente as orientações que estão no início deste livro.

CATEQUESE SOBRE OS ANJOS

São Bernardo também proferiu seu parecer sobre os anjos: "Deus ordenou aos Anjos que te guardasse em teus caminhos. Essas palavras devem inspirar-te um grande respeito, devem infundir-te uma grande devoção e conferir-te uma grande confiança. Respeito pela presença dos Anjos, devoção por sua benevolência, confiança por sua guarda. Porque eles estão presentes junto de ti, para teu bem. Estão presentes para te proteger, em teu benefício. E, ainda que estejam porque Deus lhes ordenou, nem por isso devemos deixar de lhes agradecer, pois cumprem com muito amor esta ordem e nos ajudam em nossas necessidades, que são grandes. Ainda que sejamos menores de idade e ainda que tenhamos de percorrer um caminho tão largo e perigoso, nada devemos temer sob a guarda de guardiães tão exímios. Eles, os que nos guardam em nossos caminhos, não podem ser vencidos nem enganados, e menos ainda podem enganar-nos. São fiéis, são prudentes, são poderosos. Por que nos assustarmos? Basta que os sigamos, que nos unamos a eles, e viveremos assim, à sombra do Onipotente".

PREPARAÇÃO ESPIRITUAL

Todos almejamos alcançar a vitória em nossos empreendimentos. Contudo, por vezes, forças contrárias parecem nos furtar a realização de um sonho. Hoje, vamos rezar nessa intenção. Vamos pedir a Deus, por intercessão de São Miguel Arcanjo, que sejam afastadas de nós as forças contrárias que nos impedem de alcançar a vitória almejada. Mas também pediremos a Deus que nos dê discernimento para aceitar com paciência o tempo divino. Nem todos os nossos planos e sonhos estão em sintonia com a vontade de Deus. Isso pode nos causar uma revolta interna, em que começamos a culpar o mundo por não aceitarmos os planos de Deus para nós.

Ao Deus misericordioso apresente suas intenções, seus planos, sonhos e suas metas e peça que, se forem de sua vontade e para o bem da humanidade, eles sejam realizados e a vitória seja sempre para exaltar a glória de Deus! Dedique um tempo a conversar com São Miguel Arcanjo. Deixe seu coração falar ao coração de Deus, por sua intercessão.

Certo de que Deus acolheu suas intenções, pela intercessão de São Miguel Arcanjo, leia agora a Palavra de Deus e a medite. Em seguida, reze com confiança a **Ladainha de São Miguel Arcanjo**. Enquanto reza, deixe Deus transformar seus sonhos e confie nos planos que Ele tem reservado para você.

PALAVRA DE DEUS: RM 8,35-39

"Quem nos poderá separar do amor de Cristo? A tribulação, a angústia, a perseguição, a fome, a nudez, o perigo, a espada? Como diz a Escritura: 'Por tua causa somos postos à morte o dia todo, somos considerados como ovelhas destinadas ao matadouro'. Mas, em todas essas coisas, somos mais do que vencedores por meio daquele que nos amou. Estou convencido de que nem a morte nem a vida, nem os anjos nem os principados, nem o presente nem o futuro, nem os poderes nem as forças das alturas ou das profundidades, nem qualquer outra criatura, nada nos poderá separar do amor de Deus, manifestado em Jesus Cristo, nosso Senhor."

LADAINHA DE SÃO MIGUEL ARCANJO

Senhor, tende piedade de nós.
Jesus Cristo, tende piedade de nós.
Senhor, tende piedade de nós.

Jesus Cristo, ouvi-nos.
Jesus Cristo, atendei-nos.

Pai Misericordioso, que sois Deus, tende piedade de nós.
Filho Salvador, que sois Deus, tende piedade de nós.
Espírito Santo Paráclito, que sois Deus,
tende piedade de nós.

Trindade Santa, Fonte da Vida, que sois um único Deus,
tende piedade de nós.

Santa Maria, Rainha dos Anjos, rogai por nós.

São Miguel, rogai por nós.
Príncipe da Milícia Celeste, rogai por nós.
Guerreiro do Amor, rogai por nós.
Amigo dos homens, rogai por nós.
Príncipe dos exércitos do Senhor, rogai por nós.
Guardião do Paraíso, rogai por nós.
Companheiro de jornada, rogai por nós.
Luz que afugenta todas as trevas, São Miguel,
rogai por nós.
Protetor das almas indefesas, rogai por nós.
Consolador das almas que estão no Purgatório,
rogai por nós.

Cordeiro de Deus, que tirais o pecado do mundo,
perdoai-nos, Senhor.
Cordeiro de Deus, que tirais o pecado do mundo,
atendei-nos, Senhor.
Cordeiro de Deus, que tirais o pecado do mundo,
tende piedade de nós.

São Miguel Arcanjo, Príncipe da Luz e Protetor Divino dos que invocam vosso auxílio, rogai por nós e não nos desampareis.

Levanta-se Deus, pela intercessão da Virgem Maria, de São Miguel Arcanjo e de toda a Milícia Celeste; sejam dispersos seus inimigos; e fujam de sua face todos os que o odeiam. Em nome do Pai do Filho e do Espírito Santo. Amém!

Confiante de que Deus ouve quem lhe pede e que São Miguel Arcanjo protege quem suplica sua intercessão, reze com fé a **Oração a São Miguel Arcanjo.**

ORAÇÃO A SÃO MIGUEL ARCANJO

Glorioso São Miguel Arcanjo,
poderoso vencedor das batalhas espirituais,
vinde em auxílio das minhas necessidades
espirituais e temporais.
Afugentai de minha presença todo mal,
todo ataque e todas ciladas do inimigo.
Com vossa poderosa espada de luz,
derrotai todas as forças malignas
e iluminai meus caminhos
com a luz de vossa proteção.
Arcanjo Miguel,
do mal libertai-me;
do inimigo livrai-me;
das tempestades socorrei-me;
dos perigos protegei-me;
das perseguições salvai-me!

Glorioso São Miguel Arcanjo,
pelo poder celeste a vós conferido,
sede para mim o guerreiro valente
e conduzi-me nos caminhos da paz.
Amém!

Termine este oitavo dia dos Exercícios Espirituais consciente de que a vontade de Deus nem sempre é igual a nossos desejos e impulsos interiores, mas que tudo se realiza conforme o tempo divino. Agradeça a intercessão de São Miguel Arcanjo, que sempre lhe acompanha e deseja que você encontre a verdadeira felicidade nos planos de Deus. Para finalizar, trace com fé, calma e confiança o sinal da cruz sobre você.

COMPROMISSO DO DIA

Se por algum momento sentir-se desanimado e sem forças, reze com fé: **"São Miguel, fortalecei-me na vontade de Deus, meu Salvador!"**

9º Dia

São Miguel Arcanjo, auxiliai-me nas batalhas espirituais

"Estejam alertas e vigiem. O Diabo, o inimigo de vocês, anda ao redor como leão, rugindo e procurando a quem possa devorar."
(1Pd 5,8)

Chegamos ao nono e último dia dos **Exercícios Espirituais com São Miguel Arcanjo**. Foram dias de graças e bênçãos em sua vida. Você caminhou ao lado desse valente guerreiro de luz. Ele é o defensor nas batalhas espirituais. E, neste último dia, reze pedindo que ele esteja com você nas lutas contra as forças do mal, defendendo-o com sua espada de luz e amor diante das ciladas do demônio. Pode ser que precise revisar as orientações que se encontram no início deste livro. Caso seja necessário, leia antes de começar seu momento de oração.

CATEQUESE SOBRE OS ANJOS

O grande místico São João da Cruz assim se expressou em relação aos anjos: "Os Anjos são os nossos pastores, eles não só levam a Deus nossas mensagens, como nos trazem também as de Deus. Eles alimentam nossas almas com suaves inspirações e comunicações divinas. Deus se vale deles para se comunicar conosco. Como bons pastores, protegem-nos e defendem-nos contra os lobos, ou seja, os demônios".

Os anjos são mensageiros divinos e estão sempre a nosso lado. São nossos companheiros de jornada e sempre estão prontos a nos ajudar, socorrer e defender.

PREPARAÇÃO ESPIRITUAL

Todos os dias temos de enfrentar grandes batalhas espirituais. As forças do mal tentam nos derrotar e roubar-nos do coração a paz interior. Por isso precisamos sempre estar atentos a nossos sentimentos, nossas palavras e ações. São Miguel é o Príncipe da Milícia Celeste que está sempre a nosso lado pronto para nos defender. Hoje, suplicamos a presença desse grande e guerreiro que trava uma batalha contínua com o demônio. Ele, pelo poder de Deus, afugenta todo mal, pois nada pode derrotar o amor de Deus.

Ao Pai apresentemos, por intercessão de São Miguel Arcanjo, as batalhas espirituais que temos enfrentado diariamente. Talvez, essas batalhas espirituais se encontrem dentro da família, no ambiente de trabalho... Enfim, com confiança, entreguemos todas essas situações a Deus pedindo a intercessão do Arcanjo Miguel.

Confiante na vitória do bem sobre o mal, leia com calma a **Palavra de Deus** e a medite. Depois, reze com confiança a **Ladainha de São Miguel Arcanjo**. Enquanto estiver rezando, acredite que o mal já foi derrotado pelo vencedor das batalhas espirituais, São Miguel Arcanjo.

PALAVRA DE DEUS: EF 6,11-12

"Vistam a armadura de Deus para poderem resistir às manobras do diabo. Nossa luta, de fato, não é contra homens de carne e osso, mas contra os principados e as autoridades, contra os dominadores deste mundo de trevas, contra os espíritos do mal, que habitam as regiões celestes."

LADAINHA DE SÃO MIGUEL ARCANJO

Senhor, tende piedade de nós.
Jesus Cristo, tende piedade de nós.
Senhor, tende piedade de nós.

Jesus Cristo, ouvi-nos.
Jesus Cristo, atendei-nos.

Pai Misericordioso, que sois Deus, tende piedade de nós.
Filho Salvador, que sois Deus, tende piedade de nós.
Espírito Santo Paráclito, que sois Deus, tende piedade de nós.
Trindade Santa, Fonte da Vida, que sois um único Deus, tende piedade de nós.

Santa Maria, Rainha dos Anjos, rogai por nós.

São Miguel, rogai por nós.
Príncipe da Milícia Celeste, rogai por nós.
Guerreiro do Amor, rogai por nós.
Amigo dos homens, rogai por nós.
Príncipe dos exércitos do Senhor, rogai por nós.
Guardião do Paraíso, rogai por nós.
Companheiro de jornada, rogai por nós.
Luz que afugenta todas as trevas, São Miguel,
rogai por nós.
Protetor das almas indefesas, rogai por nós.
Consolador das almas que estão no Purgatório,
rogai por nós.

Cordeiro de Deus, que tirais o pecado do mundo,
perdoai-nos, Senhor.
Cordeiro de Deus, que tirais o pecado do mundo,
atendei-nos, Senhor.
Cordeiro de Deus, que tirais o pecado do mundo,
tende piedade de nós.

São Miguel Arcanjo, Príncipe da Luz e Protetor Divino dos que invocam vosso auxílio, rogai por nós e não nos desampareis.

Levanta-se Deus, pela intercessão da Virgem Maria, de São Miguel Arcanjo e de toda a Milícia Celeste; sejam dispersos seus inimigos; e fujam de sua face todos os que o odeiam. Em nome do Pai, do Filho e do Espírito Santo. Amém!

Quando nos colocamos na presença de Deus, as graças divinas transformam nossa vida. Quando rezamos, nós nos aproximamos do coração misericordioso do Pai. Ao rezar esta **Oração a São Miguel Arcanjo**, confie que sua intercessão alcança o coração de Deus.

ORAÇÃO A SÃO MIGUEL ARCANJO

Glorioso São Miguel Arcanjo,
poderoso vencedor das batalhas espirituais,
vinde em auxílio das minhas necessidades
espirituais e temporais.
Afugentai de minha presença todo mal,
todo ataque e todas ciladas do inimigo.
Com vossa poderosa espada de luz,
derrotai todas as forças malignas
iluminai meus caminhos
com a luz de vossa proteção.
Arcanjo Miguel,
do mal libertai-me;
do inimigo livrai-me;
das tempestades socorrei-me;
dos perigos protegei-me;
das perseguições salvai-me!
Glorioso São Miguel Arcanjo,
pelo poder celeste a vós conferido,
sede para mim o guerreiro valente
e conduzi-me nos caminhos da paz.
Amém!

Durante nove dias, estivemos unidos no amor de Deus pela presença e intercessão de São Miguel Arcanjo. Muitas bênçãos e graças germinaram em seu coração e em sua vida. Muitas batalhas foram e serão vencidas. E eu gostaria muito de ler seu testemunho! Será uma alegria receber uma mensagem sua me contando as graças que alcançou em sua vida e na vida daqueles por quem rezou. Meu e-mail é: flaviosobreiro@yahoo.com.br. Espero seu testemunho!

Neste último dia de nossos **Exercícios Espirituais com São Miguel Arcanjo**, agradeça de todo o coração a intercessão de São Miguel e lembre-se: você sempre poderá contar com a intercessão desse Guardião da Paz. Para finalizar, trace com fé, calma e confiança o sinal da cruz sobre você.

COMPROMISSO DO DIA

Durante este dia, peça a ajuda de São Miguel rezando com fé: **"São Miguel Arcanjo, do mal me defendei; nas batalhas espirituais convosco vencerei!"**

ÍNDICE

Introdução 3
Orientações para todos os dias 5
1º dia:
São Miguel Arcanjo, livrai-me do mal 8
2º dia:
São Miguel Arcanjo, defendei-me no combate 15
3º dia:
São Miguel Arcanjo, protegei-me dos perigos 22
4º dia:
São Miguel Arcanjo, iluminai meu caminho 29
5º dia:
São Miguel Arcanjo, abençoai minha família 36
6º dia:
São Miguel Arcanjo, concedei-me paciência 43
7º dia:
São Miguel Arcanjo, abençoai meu trabalho 50
8º dia:
São Miguel Arcanjo, concedei-me a vitória 57
9º dia:
São Miguel Arcanjo,
auxiliai-me nas batalhas espirituais 64

Este livro foi composto com as famílias tipográficas Adobe Hebrew, Baker Signet BT e Calibri e impresso em papel Offset 75g/m² pela **Gráfica Santuário**.